《真君百迹图》编辑委员会

真君百迹图

金小燕 主编

百花洲文艺出版社
BAIHUAZHOU LITERATURE AND ART PRESS

图书在版编目（CIP）数据

真君百迹图 / 金小燕主编. – 南昌 : 百花洲文艺出版社, 2016.12
ISBN 978-7-5500-2177-8

Ⅰ. ①真… Ⅱ. ①金… Ⅲ. ①许逊 – 传记 – 画册
Ⅳ. ①B959.92-64

中国版本图书馆CIP数据核字（2017）第077617号

真君百迹图

金小燕　主编

出 版 人：姚雪雪
策划编辑：陈启辉
责任编辑：童子乐
封面设计：梅家强
内文制作：王春霞
制　　作：江西墨刻文化有限公司
出版发行：百花洲文艺出版社
地　　址：南昌市红谷滩新区世贸路898号博能中心20楼
邮　　编：330038
经　　销：全国新华书店
印　　刷：南昌市印刷四厂
开　　本：889mm×1194mm 1/16　印张 7
版　　次：2016年12月第1版第1次印刷
字　　数：120千字
书　　号：ISBN 978-7-5500-2177-8
定　　价：128.00元

赣版权登字：05-2017-258

邮购联系：0791-86895108
网址：http//www.bhzwy.com
图书若有印装错误，影响阅读，可向承印厂联系调换。

序

程明

许逊是道教净明派创始人，是江西福主，被江西移民携带着走向全国各地。

许真君，名逊，字敬之。曾祖琰，祖玉，父肃，世为许昌人。汉末战乱，父亲许肃举家迁往豫章郡南昌县。许母夜梦凤凰绕屋飞翔，将口中衔珠放在她手中，玩耍之际珠子忽被吞入腹中，醒来觉身中有孕。

许逊于东吴赤乌己未年正月二十八日出生，生而颖悟。少小懂礼，依理办事。本村无私塾，其母每天撑船，送他去对岸村庄私塾读书，风雨无阻，后来这个渡口被人们称为慈母渡。少年许逊刻苦好学，博通经史，天文地理、历法五行，无书不览，犹好神仙修炼之术。许肃早亡而致家贫，许逊砍柴换粮，供养老娘。良田肥地，让与寡嫂。瘠地瘦田，自耕力锄。少年许逊曾随人去打猎，一箭射中一只母鹿，母鹿犹将腹中小鹿生出后，还努力舌舔它，力竭而亡，他因而感悟，弃弓折箭，立誓终生为孝。闻修水吴猛是大孝之人，清廉之官，有通灵达圣之法，于是许逊追随吴猛，拜他为师学道。又与道法理论学者郭璞友善，两人遍访名山。许逊孝悌忠信，乐善远罪，其德行声名不胫而走。豫章郡荐举许逊为孝廉，他不接受。多次推托朝廷委任，不得已在晋太康元年，许逊接受了蜀郡旌阳(即今四川德阳)县令的任命，此时他已四十二岁。

许逊一生功绩赫赫，略述如下：

勤政清廉。上任之初，许逊严告官吏，以民为本，不得贪暴。废除苛政，喻民以道。事必躬亲，公私分明，严人先严己，吏民悦服。讲信修德，近贤远奸，择有德之民，了解民情，劝课农桑，化解民争，社会风气逐渐好转，以至于没有诉讼案件发生。灾荒之年，百姓无力缴纳田租，被抓进牢房。许逊怜民之苦，藏金于圃。让狱中之民在圃中劳作，人皆掘地获金，得以完纳田租，脱离牢房。邻县流民，因慕许逊之德，纷纷来投。在瘟疫流行之年，十人有七八人死亡，许逊用所学医道救治百姓。凡医治之人，无不痊愈。邻县染病之人，相继而来，日有千人。许逊在旌阳从政十年，公正廉明，将曾经是岁岁饥馑、野有饿殍之地，治理得政良俗美，生产发达，社会安定，人口繁衍，附近各县民众，趋而往之的富裕之乡，于是旌阳县人口大增。许逊辞官返乡之日，自带干粮送行的旌阳百姓不计其数，有送行千里始返者；有一直送到豫章西山许家不返者；有自愿为真君家丁，改姓许不返者。他们在许家东面空地结茅为庐，形状像营垒，故当地人称许家营。

为民除害。豫章海昏县的上辽，常有巨蛇为患。吐气成岚，人畜遇之即被吞食。许真君乃率徒前往斩杀。村民咸来助仗。巨蛇惊而出穴，举首十余丈，目若火炬，吐毒冲天。许真君率徒厮杀，吴猛剑刺蛇颈，其余弟子挥剑砍之，顷刻巨蛇毙命，其骨聚而成洲。孽龙为害江南，纵横豫章，江西民众深受其害。孽龙弄水，赣江猛涨，豫章郡内，洪水泛滥，民众生命财产损失巨大。许真君率徒，连年除蛟，魔高一尺，道高一丈，终将孽龙彻底斩除，使民众得以安生。

拔宅飞升。东晋宁康二年（公元374年），许真君已经一百三十六岁高龄了。八月一日早晨，二天使乘云仗，来到真君宅邸前，宣告玉皇大帝之命："许逊积修至道，为民救灾神态祓难，除害荡妖，功济生灵，众仙推仰，可入仙籍。八月十五，携家冲举。"真君将自己所著《灵剑子》一书和劝戒诗遗世，还将自己治病救人的药方《如意丹方》传授给弟子。《如意丹方》后保留在《净明宗教录》一书中。八月十五正午，音乐之声由远而近，祥云自天而降。二天使又至，宣诏毕，扶真君入龙车。跟随许真君飞升的有许氏家人和六弟子共四十二口。

万寿宫网络形成。许真君飞升之后，他的族孙许简与乡民一道，在真君故宅建立许真仙祠堂，将拔宅飞升跌落之物，一一收藏于祠堂中；将真君所遗一百二十首诗，一一写于竹简之上，放入竹筒中，供前来祭扫之人探取，以决凶吉。南北朝重修许仙祠时，将祠改名为"游帷观"。唐永淳中，天师胡慧超来到西山，尽平生之力修复游帷观，为宣扬许逊道派，撰写了《洪州西山十二真君内传》，使许真君开始为历代朝廷重视。宋真宗据《度人经》中"太释玉隆腾胜天"之句，改游帷观为"玉隆观"。宋徽宗于政和二年（公元1112年）为许逊上尊号为"神功妙济真君"，又于政和六年（公元1116年）改玉隆观为玉隆宫，并加赐"万寿"二字，此后玉隆万寿宫就是专指西山真君故宅。从此，凡有许真君遗迹的地方，人们都建万寿宫纪念；凡有水灾泛滥的地方，人们几乎都建"万寿宫"镇灾。凡有江西移民的地方，人们几乎都建万寿宫保佑。

南昌是道教净明派创始地，西山万寿宫是天下万寿宫祖庭。每年有数百万游客来参观，仅外省游客就有数十万。这些游客对万寿宫文化认识，对许真君了解或多或少，急需一本系统介绍许真君和万寿宫历史文化的书。由于时代的变化，城市化的急速发展，青年人都在城市忙于学习和生活，他们没有耳濡目染的传统文化环境，也没有时间静下心来慢慢了解传统文化，他们习惯于图文并茂、快餐式的阅读。

为了使祖先留下的优秀文化不消失，为了让年轻人了解历史传统，新建区文化馆金馆长，利用自身优势，动员本地学者、作家、画家，形成一支老中青作者队伍。他们调查访问，稽古钩沉，潜心研究，最终完成了《真君百迹图》。他们利用连环画形式，采用国画手法，以许真君传记和万寿宫文化为主要内容，按照时间顺序，依事绘图。除注有具体文字说明以外，还配以四字短语标题，图文并茂，为现代人了解许逊，认识万寿宫提供了形象化读本。

《真君百迹图》画册，将许真君生平和万寿宫历史文化系统地展示给家乡的父老乡亲，展示给有关领域的学人，呈现给散布在全国各地前来寻根问祖的江右商后裔，也为保存历史记忆留下一个依据。这是一件很有意义的事情，也是一件打造江西文化中部崛起的创新性工作。

可以说没有许真君，便没有《真君百迹图》；有了《真君百迹图》，人们便能够更快更好更便捷地了解许真君，认识万寿宫。相信新建区文化馆今后在研究、展示非物质文化遗产方面会有更多更好的成果出现。

略赘数言，以弁其首，谨为序。

（作者系江西省非物质文化遗产研究保护中心主任）

目录

Contents

真君家世

真君姓许，名逊，字敬之。曾祖琰，祖玉，父肃，世为许昌人。汉末战乱，父亲许肃举家迁往豫章郡的南昌。

凤绕许宅

许母夜梦凤凰绕屋飞翔，凤凰将口中衔珠放在她手中，玩耍之际珠子忽被吞入腹中，醒来感觉身中有孕。

生而颖悟

真君生于东吴赤乌己未年正月二十八日。生而颖悟，姿容秀伟。少小懂礼，按理办事。

慈母摆渡

真君自小家贫，本村无私塾。其母每天撑船，送真君渡河去对岸村庄私塾读书，风雨无阻。后来这个渡口被人们称为慈母渡，地点在南昌县麻丘乡武溪村。

少年好学

少年真君，刻苦好学，博通经史，天文地理、历法五行，无书不览，犹好神仙修炼之术。

负薪养母

少年真君，父亲早亡。砍柴换粮，供养老娘。深懂孝悌，良田肥地，让与寡嫂。瘠地瘦田，自耕心甜。孝悌忠信，不胫而走。乐善远罪，影响百里。

母鹿舔犊

少年真君曾随人去打猎，一箭射中一只母鹿，母鹿犹将腹中小鹿生出后，还努力舌舔它，力竭而亡。许逊因此而感悟，弃弓折箭，立誓终生为孝。射鹿地点在西山万寿宫东面九里地附近，地名鹿岗。

吴猛尽孝

吴猛，祖籍河南濮阳，出生于西安（今江西修水）。自小家贫，夏夜睡觉，没有蚊帐。为了不让蚊子叮咬父母，吴猛总是赤身睡在父母身边，恣蚊饱血，以尽孝道。

丁义传道

吴猛辞去西安县令，跟随丁义学道。丁义精于医道，将治病救人的神方传授给吴猛。经十年潜心修炼，吴猛在医道、法术、炼丹等方面具有超人能力。传说他能用羽扇划水过江，画符念咒呼风唤雨。

师事吴猛

真君闻西安吴猛是大孝之人、清廉之官，有通灵达圣之法，常叹缘薄，未得相识，于是以吴猛为师，早晚遥拜。吴猛对其儿子说：“某日将有豫章人姓许名逊来，你当诚恳接待，可将我的真符传授给他。”期至，许逊果来。猛子将真符传逊，逊修炼后，法术有过于猛。

交友郭璞

郭璞儒道双修，是当时著名的学问家。他除擅长辞赋外，还精于阴阳、历算、卜筮之术。真君虚心向他学习。两人遍访名山，郭璞帮助真君卜基选宅，最后选中西山之阳金氏宅，于是真君在此安家。

教化乡里

真君曾购一只灯台，回家擦试备用，发现竟是一只黄金灯台，第二天归还卖主。真君善行传遍邻里，民风渐正。

旌阳赴任

豫章郡推举真君为孝廉，他不接受。朝廷多次委任许逊官职，不得已，在晋太康元年，真君接受了蜀郡旌阳（即今四川德阳）县令的任命，当时他已经四十二岁了。

马踏留痕

许真君赴任旌阳，在南瑞会省通衢道路上，徒步牵马，艰难踟蹰，难舍故乡，难舍老母。老马会意，一蹄一痕，经久不灭。为纪其事，后人在西山万寿宫东面六里处建凉亭，亭柱上镌：驱马不嫌趋命促，斩蛟犹恨弃官迟。

为官廉洁

上任之初，真君严告官吏，以民为本，不得贪暴。废除苛政，谕民以道。事必躬亲，部下不敢欺瞒。真君以身作则，公私分明，严人先严己，吏民悦服。

体恤民情

真君执政，讲信修德，近贤远奸，择有德望之民，了解民情，劝课农事，化解民争，社会风气逐渐好转，以至于没有诉讼案件发生。

以工代租

灾荒之年，百姓无力缴纳田租，被抓进牢房。真君怜民之苦，藏金于圃。让坐牢之民去圃间劳动，人皆掘地获金，得以完纳田租，脱离牢房。邻县流民，因慕许逊之德，纷纷来投，于是旌阳县人口大增。

治病救人

在瘟疫流行之年，十人中有七八个死亡。真君用所学道教神方救治百姓。凡医治之人，无不痊愈。邻县染病之人，相继而来，日有千人。许逊将符水竹筒漂于城外江水之中，凡在江水下游饮水之人，皆痊愈。舀水回去饮用的老弱病残之人也痊愈。

近贤远奸

真君在旌阳从政十年，公正廉明，将曾经是岁岁饥馑、野有饿殍之地，治理得政良俗美，生产发达，社会安定，人口繁衍，附近各县民众，趋而往之。

真君探母

真君白天在旌阳做县令，晚上便骑着用竹鞭做成的竹龙，施用法术让它飞驰，赶回家来侍奉母亲。至今来参加西山万寿宫庙会的香会队伍中，还常见负责人身背竹龙，走在前面。民间传说，只要背有竹龙，就有快步如飞的感觉。

许逊生祠

晋惠帝生性愚昧，贾后横行霸道。真君信奉“天下有道则见，无道则隐”的儒家信条，辞官返家。旌阳百姓恋恋不舍，在真君曾经活动过的地方，建立奉祀真君的祠堂，家家户户藏着真君的画像，已开始把真君作为地方保护神来看待。

结伴许营

真君起行之日，自带干粮送行者不计其数，有送行千里始返者；有一直送到豫章西山许家不返者；有自愿为真君家丁，改姓许不返者。他们在许家东面空地结茅为庐，形状像营垒，故当地人称许家营。许家营即今新建县西山镇许村。

蛟精张酷

蛟精，俗称孽龙，特指张酷，原是湖广人，自小爱游泳，一天在江中误吞了蛟龙珠，自此以后食量惊人，四肢遍生鳞甲，力大无比，具有腾云驾雾、翻江倒海的能力。于是他顿起恶心，收编大小蛟螭，为害江南，可怜江河纵横的豫章郡，首当其害。

首战不利

蛟龙弄水，赣江猛涨。豫章城内，大街小巷，到处是水。民众生命财产，损失巨大。真君率徒，连寻数日，力战蛟龙，有惊无险，可蛟孽一只也没能斩杀。

邀师出山

真君知道自己能力有限，一日来到西安，恳请吴猛，出山除蛟，为民除害。谁知吴猛说，他也无能为力，不过听说镇江府丹阳县有一位女道人谌姆，道法高妙，不妨前去拜师学艺。于是吴猛、许逊师徒二人，结伴前往。

仙童宝剑

太白金星，奏明玉帝，支持真君，赐剑斩邪。真君在新吴北乡柏树林中小憩，忽见女童五人，各持宝剑来献。真君知道她们是剑童，故而接受了宝剑。回到宅邸后，每日练剑不已，终获神剑之道。真君拔宅飞升之前，将宝剑藏于自己亲手栽种的柏树之下。

师事谌姆

真君与吴猛前往丹阳拜师，谌姆见许逊有仙风鹤骨，乃择吉日登坛，收许逊为徒，传授许逊正一斩邪之法、三五飞步之术等道教秘诀，托付许逊铜符铁券、金丹宝经等秘籍，使许逊成为当时最有法力的道师之一。

师徒换位

谌姆在真君、吴猛离开丹阳之前，叮嘱吴猛道：“以前你是许逊之师，如今据我观察，许逊道法独高，你最好以许逊为师，将来你们合作才会长久。”吴猛允诺，从此吴猛反以许逊为师。

飞茅建祠

真君辞别谌姆，决心每年来拜谒谌姆至少一次。不意，谌姆说："以后不用来拜谒了，我将返还帝乡。"顺手拔香茅一棵，往南抛去，说："回去后寻茅建祠，每秋祭拜一次，足矣。"许吴二人，果于西山南面四十里之地找到飞茅，于是建祠。该祠即今松湖黄堂宫。

仙井酒泉

真君与吴猛每年都要去黄堂宫祭拜谌姆，数次在松湖街小酒肆歇息。老板朱氏热情、诚恳招待，真君怜他贫乏，用所佩神剑刺一小井，投丹药其中，汲之，皆佳酿也。朱氏因此致富。久之，厌其无糟粕，酒泉遂竭。

涌泉相报

在西山去往黄堂宫的路上，有一耘禾的农民，每年孟秋见真君在他的田埂小道上匆忙赶路，十分辛苦，于是主动将自己携带的粗糙饭菜，分一半给真君，让真君吃后再走。真君感其诚，接受邀请。食毕，将碗覆于畦上，口念咒语。从此该地无水旱之灾，产大樟，蚁不穴，鹊不巢，成为远近闻名的富裕之地。

信守行规

在西山镇南面三十里处，有一条小江，称小蜀江。当年真君去黄堂宫祭拜谌姆时，常渡此江，按行规，过河者给撑船人二百文钱即可。一日，真君渡河后，给舟人二百文，舟人见真君仅一人，要求增加至千文。真君满足了他。当舟人持钱归家，摊开一看，仅二百文钱，其余皆树叶罢了，知遇仙人警告，舟人从此不贪。直至清末，南朝仙驾经此，舟人一文不收。

车轿变舟

在西山镇南面十里有一条小涧，涧上有一座小桥。当年真君经过这里去探望他的二姐，天降大雨，山洪暴发，淹没小桥。真君用所佩布巾裹住车头，只见车轿变舟，载着真君从容渡过涧水。后人在此建庙祀之。明末大学士姜曰广在庙额上题有“古车轿庙”四个大字。

劈石压蛇

真君携剑外出，路过一人家，听见屋内夫妇痛哭，其声撕人肺腑。真君问其故，妇人说："附近山里有一蛇精，每年必献一儿童给其吞食，否则就要为害地方。明天轮到我儿子去祭祀它，所以难过。"真君闻此，大为震怒。于是持剑入山，劈开蛇洞，巨石压蛇，其害乃止。据考证，此地在逍遥东面山区，石壁上有剑划痕迹。

凿井济民

天气炎热，连月不雨。大河缺水小河干，汲担者遍布于道。真君以杖刺涸泽，使出泉水，解民之困。该处即今紫阳靖石井也。

仙道邂逅

在西山镇南面二十里有一称黄白湖的地方。当年真君寻蛟，来到此地，遇到一位隐逸此地的老先生，二人相谈，相见恨晚。到底谁影响谁更多些，后人有“两水夹红纱，状元出谁家”之句，评价二人的相遇。

植樟清江

真君逐蛟来到清江县枨乐，见此山水佳美，于是在此炼丹，丹成而徙。为标志此地，于是栽种樟树一棵。其树大六围，荫盖一观。至今此地被命名曰樟树镇。

松湖画壁

真君追斩蛟龙，来到江堤边酒肆休息，肆主人朱氏接待甚敬。真君在其墙壁上戏画一松，以表感谢。后水涨堤溃，唯此酒肆独存。该酒肆在今松湖街市上。

龙口诛蛟

真君追杀蛟龙来到修水，蛟龙去鄂渚躲藏。真君追至鄂渚，蛟龙藏于桥下，真君持剑在桥。蛟龙惊而逃入深渊，真君又追至深渊。蛟龙顺江逃往上游，真君终于在江上游将蛟龙斩杀，此地即今修水龙口。

新吴镇蛟

真君听说新吴（今奉新）有蛟龙为患，于是持剑追捕。蛟龙惊惧，藏于深穴。真君为镇压蛟龙，永绝蛟患，在巨石上书写禁符。此书石俱在今奉新县以西四十里处。

海昏斩蛇

海昏县的上辽，常有巨蛇为患，吐气成岚，人畜遇之即被吞食。真君乃率徒前来斩杀。村民感激，三百余人，前来助仗。蛇惊出穴，举首十余丈，目若火炬，吐毒冲天。真君率徒厮杀，吴猛剑刺蛇颈，其余弟子挥剑砍之，顷刻巨蛇毙命。其骨聚而成洲，此地即今永修县蛇骨洲。

怜悯蛇子

巨蛇既死，其腹裂处有小蛇爬出，长数丈。小蛇惧而奔行六七里，犹时而停止，返顾其母。众徒欲斩之，真君止之曰：“彼未为害，不可妄诛。此蛇若为害，吾必当复诛之。”小蛇遂得入江，入江地即今永修县蛇子港。

以炭选徒

诛蛟斩蛇，真君名震遐迩。求为弟子者，数百之多。却之不可，将木炭化为美人，夜散众弟子处以试之。第二日早晨，不被污染者仅数人。污染者自惭而去，散炭之地在永修县西津。

真君愚蛟

真君与徒回到豫章宅邸，忽见一美少年来访，礼貌周全，应答敏捷，众人夸赞不已。此人走后，真君对众弟子说："此少年是蛟精所化，它虽体貌俊美，却腥风袭人。我故装不辨，愚之也。"

老蛟化牛

蛟精张酷在抚河沙洲上化为黄牛，真君让施岑持剑藏于黄牛必逃之路，自化黑牛在沙洲上与黄牛斗，眼见黄牛不敌，逃近，施岑一剑挥去，正中其股。黄牛负痛狂奔城南，入井而逃。此沙洲即今南昌市朝阳洲。

书符封溪

晋永嘉时，孽龙张酷，斗不过许真君，自豫章逃到清江樟树镇。在此横穿一穴，变成水溪，直接通往湖广。真君追至此地，知孽龙已逃往湖广。于是书符一道，贴在穴口，以断孽龙归路。

点墨潜逃

蛟精张酷从清江逃出，来到湖北黄冈，摇身一变成为一位风度翩翩的书生，躲进史员外家当了私塾先生。每天要喝几大缸水，要去深潭游泳。真君师徒追杀到史府，正逢孽龙外出，于是揭穿孽龙真面目，要求史员外将家中所有缸、罐、盆中的水倒去，擦干净，不让孽龙有逃跑机会。孽龙回到书房，发现已被真君师徒包围，难以逃脱，突然发现桌上砚台中有一滴未干墨汁，于是溜进去，逃之夭夭。

蛟隐长沙

蛟精自城南井中直奔长沙，自贾谊井中出，始化为人。原来此蛟精已骗取贾谊信任，将女许配给他，生有二子。蛟精每岁春夏之际外出，谎称经商，秋季则船载宝货而归。这次突然返家，蛟精骗贾谊说：“路上遇有强盗，左腿受伤了。”贾府上下叹息，请医疗伤。

贾府除蛟

真君扮演医生来到贾府，贾谊让他给“女婿”治伤。蛟精感觉不妙，不敢出来。真君于是赶到蛟精卧室，厉声呵斥：“害人孽畜，哪里逃！”蛟精显现本形，丢下妻子，钻进床下暗窟，再一次逃脱。真君劝贾谊搬家，不日果然地面陷塌，深不可测。此地即今长沙温潭是也。

观音锁蛟

蛟精张酷自长沙贾府逃脱，数日赶路，又饿又渴，见一个饭铺，仅有一老太太卖面条，于是上前要吃，连用十几碗，完后，从地上捡一石头变成银子交给老太太，老太太将银子变回石头还给孽龙。孽龙知道不妙，拔腿想跑。老太太背后给他一掌，喝道："孽畜，付不出钱，就吐出来吧！"孽龙感觉挖心般绞痛，吐出一挂铁链，勾锁着他的肚肠。老太太还原本来面目，原来是观音菩萨。正值此时，真君师徒赶到，观音将孽龙交给真君处置。

铁柱锁蛟

真君将蛟精张酷带回豫章，担心它再次为患，于是将它锁在豫章城南井底，上铸铁为柱，高出井口数尺，柱下施八索钩锁地脉，将蛟精镇住。并留下箴言："地胜人心善，应不出奸雄。纵有兴谋者，终须不到头。"从此蛟精在豫章不能在为害了。此井在南昌铁柱万寿宫遗址内。

蛟龙余孽

豫章江河，蛟龙余孽甚多。它们担心被剿灭，于是扮演百姓，打探真君道法。真君弟子说：“我师神剑，万邪莫挡。”蛟龙余孽问：“那神剑不斩杀什么东西呢？”弟子戏之说：“只是不斩杀冬瓜、葫芦。”蛟龙余孽信以为真，尽化为冬瓜葫芦漂在江河上。真君令施岑持剑全部予以斩杀。

蜈蚣断腰

真君令弟子施岑斩蛟于鄱阳。一日傍晚，施君在饶河口高台上朝湖中眺望，见一物隐隐如蛇，昂首摇尾，横亘十余里。施君心想：“莫不是蛟孽？”拔剑挥之，正断其腰。明早验之，原是湖中蜈蚣山。至今湖中蜈蚣山、饶河口眺台仙迹尚存。

天竹石洞

鹰潭市龙虎山水仙岩，有一天竹宝刹，又称乾刹的遗址，其右上附近有一石洞，洞中有池，常年不涸。据《龙虎山志》记载，许真君曾经在此与蛟龙大战，数十回合，终将蛟龙斩杀，此池即蛟龙藏身之所。

崖壁大书

铅山县城河口对岸，有一地名称为大望渡，循河而下，九山联络不断，俗称九狮渡江。在九山崖壁上，依稀可见许真君书写的大字“龙门第一观”。相传，真君当年来到这里，将铅山蛟孽一一斩杀。从此，铅山不再有蛟孽为患，有人说，这是真君手书镇住了水怪。

巨石镇水

宜丰县在晋时，常闹水灾，每年稻田被淹，农人不堪其苦。真君寻地脉至此，知有蛟孽为患，遂镇以巨石，水患乃除。为纪念真君功绩，晋建化民观，唐改名为元康观，宋再改名为隆道观，清末称祝圣宫。

栖梧香茅

宜春城南五十里，有栖梧山，当年真君与郭璞曾游此地，受到家在栖梧山的王朔热情接待。接触多了，真君发现王朔是一个可以传承净明道法的人，于是对王朔说："你愿意跟我学道法吗？"得到王朔肯定以后，开始精心传授王朔净明道法，直到他学会，真君才离开。及至飞升之日，真君派一书童下告朔说："真君已被玉皇诰召，特来与您告别。"王朔全家望天而拜，并请求一起飞升。真君说："你们仙骨未充，应继续修炼，可以增寿。"于是从天上抛下一根香茅，让王朔培植，长期服饮。后栖梧山玉虚观香茅远近闻名，王朔家族寿皆百龄。

元潭铁符

晋怀帝时，真君遍行江湖斩杀蛟螭，来到吉水县东北五十里的元潭，见潭水深不可测，有蛟螭出没。于是制铁符，覆于元潭水深处，镇蛟于洞穴之中，不让它出来为患。后人在此建崇元观，以祀真君。直至清末，观内尚藏有一把剑，长仅一尺许，似铜非铜，似铁非铁，亦似石非石，制式甚异，人莫能识。

武宁溜山

民间相传，真君斩蛟，来到武宁县城，见对岸潭深莫测，知其地有蛟龙出没。真君为永除水患，口念咒语，动用神力，以剑劈山，飞移五十余里，来此坠落，变潭为峰，镇住蛟龙。今人称溜山，或飞来峰者，其遗迹也。

谌姆丹灶

民间传说，谌姆在靖安县北十里地的山区隐居。有樵夫偶然至此，见风景佳美，林木茂盛，桃花夹径，草堂前石坛、丹灶有序排列，香烟缭绕，知是仙人居所，不敢近前。后又有人见真君拜谒谌姆于此地。或因土人频繁前往，其后再不见仙人踪影。

仙道互补

相传，真君追杀蛟螭，来到奉新县同安乡。见此山水佳美，有在此结庐炼丹之意。当地毛姓隐士，人称毛仙，来谒真君，二人谈道终日，尽兴而散。第二日，真君又继续赶往他地追杀蛟螭。后人在此建观，初名毛仙观，宋治平年间，皇帝赐“希夷观”名，后在元末毁于兵燹。

剑泉笑泉

世传，真君师徒经过丰城县归德乡一小山时，见此地干旱严重，以剑刺山石，泉水涌出，人畜皆有饮。弟子见状，抚掌大笑，山腰亦喷出泉水，笑停水止。笑泉大于剑泉，可灌溉数百亩田。后人在此建悬履观。剑泉在山门内，笑泉在山门外。

山顶池水

安义县北二十里处，有一山突起，周围孤峭，方圆五里许。山顶有一池，每岁春夏之交，常发洪水，冲毁庄稼，农人忧之。据传，真君得报，知有蛟孽为患，仗剑至此，与之大战数日，终将蛟孽除尽。后人在池水北面建圣水堂，以祀真君。时值今日，山顶池水，四季不溢不竭，多有红鲤鱼，优游其中。

白马神庙

白马忠懿侯，分宁人，原是打铁的手艺人。其真名无处可查。白马忠懿侯兄弟三人跟随许真君斩杀蛟龙，两位兄长皆被蛟龙所害，忠懿化悲痛为力量，奋勇除蛟。其功与许真君弟子甘战、施岑不相上下，但却没入十二真君行列。白马忠懿侯有功于豫章，虽不知其真实姓名，而豫章百姓却世代传颂他的业绩，建白马庙祭祀他。

甘泉惠民

民间传说，真君捕蛟来到武宁县十二都，见村民摩肩接踵地去很远的地方挑水，甚是辛苦。于是让弟子甘战给予帮助。甘战来到村口，将神剑插入地中，泉水喷涌而出，而且甘甜可口。为保护水井，村民在井上建有一亭。为感谢真君师徒，在亭旁建甘泉观祭祀他们。

九郎斩蛟

民间传说，真君捕蛟来到修水县一水潭边，见一蛟孽化为黄牛藏在水潭中，被村民识破。一农家兄弟九人，奋勇围斩。其中一人擅长游泳，率先入水，中了蛟孽之毒，面色失去常态。真君立刻把神剑借给他们，兄弟合力，终将蛟孽斩杀于潭中。为纪念他们，后人建九郎庙祭祀他们。

兄弟助阵

真君来到修水县城东面，见一巨蛟为患，立即前去斩杀。巨蛟不惧，与真君大战。有奉乡匡竹洞村毛姓兄弟五人，恰好路过此地，见景，立即上前协助真君，经过激烈搏斗，终将巨蛟斩杀。对有功于民的人，百姓不会忘记，后人在真君殿旁建协佑庙，祭祀兄弟五人。

蒲山擒蛟

蒲山，又名黄牛山，高千仞，在修水县城以西八十里处。山顶有湫池，池中有小蛟。小蛟欲翻起洪波，将真君在黄牛山的炼丹室冲垮。真君借遣神兵，终将小蛟擒获，钉在黄牛山石壁上，直至今天，钉蛟石还依稀可见。

剑劈鼓石

铜鼓县大沩山，西通湖南浏阳，东通江西宜丰，南通兴国。山中林木茂盛，形似铜鼓的大石，随处可见。据传，当年真君寻蛟，来到此处，听见石中有声，挥剑劈之。时值今日，大沩山中，仍可见到，宛若刀劈，一分为二的铜鼓石。

药臼石毬

以前高安市祥符镇有一祥符观，原是真君女儿夫妇故宅。真君常来看望并指导她们修炼，后来他们乘云而东，随真君白日飞升。当日从天上掉下药臼、石毬于故宅之旁，后人即在该地建观祀之，南唐名祈仙观，宋代改祥符观。

石末治病

在上高县西四十里，有一片石林。真君曾经此地，于是将剑在一块大石上刻划“太阳靖”三字，以示到此一游。据传，当地人有病，将该石磨浆而饮，无不痊愈。南宋时有一权贵得病，因磨石浆饮服，病得痊愈，顿起贪心，令士兵抬回家去，独自享有。行至闹市，石忽然飞去，不知所在。后人在就其地，建观祭祀真君，初名永丰观，治平元年改名希夷观。

无名异石

南宋宝庆年间，一个商人行经上高县希夷观附近，两足忽肿，其大如腰，不能行走，坐待天亡，想起家有老母，不能供养，哀号不已。痛苦数日，忽见一道人，就地捡起数十小黑石，让和水服下，不日痊愈。有人说道人像希夷观菩萨。从此无名异石治病功能，路人皆知。

九里潭竹

真君率弟子斩蛟于福建延平府，有一蛟螭受伤，潜藏于九里潭中。真君对乡人说：“有蛟螭潜藏于此潭，为不使蛟螭为患，特来镇之。”随即砍一新竹，插于潭边岩石中，口念咒语：“此竹若朽，许尔再生；此竹若茂，不容再出。”至今潭畔，单竹茂盛，无蛟螭之患。

古梅禅师

一小蛟为真君所迫，遁于福建崇安县，化一少年，潜入僧寺，求长老援救，得免。遂化一小僧逃往叶墩。路遇真君师徒，甘战、施岑二君欲斩之。真君说：“不可，它有悔过之心，从善之意，姑且舍之。”转身对小僧说：“从今以后，勿害生灵，逢湖则止，逢仰则住。”小僧得脱，觅地修行，路逢牧童放牛，问此地何名，牧童告知：“仰山。”小僧喜而悟说：“真君之言正合于此。”遂建“仰止”寺，在此潜心修行，自称古梅禅师。

晋代永嘉年间，真君追杀蛟孽，自拦牛埂缠斗，一至战到大洲上，双方不分胜负。善政乡居民萧法神、翁乐山、熊居林，看在眼里，急在心里，不顾危险，奋勇相助，终使蛟孽受到重伤，遁逃而去。后人为纪念此三君，在南昌潮阳洲建庙祭祀。唐代吕纯阳曾题“秀水”二字悬挂在庙堂之上。

秀水三君

板枋三神

真君斩杀蛟龙，来到南昌施尧村附近的水面上，与蛟龙斗法，忽见一块木排在水面上疾驰而来，上有三健士，手握刀叉，奋力助战，蛟龙惧怕，遁逃而去。真君问道：“你们是什么人？”他们回答说：“我们是附近村民，因见真君不顾危险，为民除害，特来相助。”时值清光绪年间，施尧村还留有祭祀此三人的板枋三神殿。

蜀水置符

晋元帝时，江南大疫。豫章民众拜谒真君，请求解救办法。真君用洁净锦囊，取蜀江斗水，念动咒语，置符其中，然后将符水于蜀江上游投放，疫者饮用江水，皆痊愈。故此后蜀江又称锦江，特别是在瑞河一带，皆称锦江，无其他称呼。

劝阻叛乱

晋太宁二年，大将军王敦萌发叛乱之志。真君、吴猛和郭璞劝止。宴饮间，王说：“我做了一梦，梦一木破天，这是何意？”真君说：“不是好兆头。”吴说：“木上破天，未字也。这是说将军不可妄动。”王不悦，令郭璞卜之。郭说：“若叛乱必败。”王问郭：“我的寿命有多长？”郭说：“若叛乱，祸将不久；若回武昌，则寿命不可限。”王怒斩郭璞，真君与吴猛化为白鸽飞走。不久王敦事败而亡。

令龙驱舟

真君、吴猛由金陵返豫章，船主说没有水手。真君说："我有办法驾船，你们要闭眼；绝不可偷看。"于是招来二龙挟舟而行，行至庐山紫霄峰时，树抹船底，嘎嘎作声，船主不忍，偷眼观看，船突然掉落山涧，折桅断桨。船主求真君救命，真君教以仙道之术，从此船主隐于庐山。

西山隐居

真君剿灭蛟龙后，隐于西山宅邸，每日与弟子修炼，数十年间不问世事，将修炼心得撰写成《真铅真贡真土歌》和《八宝训》二书。真君德行影响乡人，皆近善远罪，讲究忠孝。方圆百里，盗贼无迹，邻里安乐，人无灾害。

鹿井制盐

民间传说，真君注意观察动物活动，发现鹿群常在万寿宫南面的久驻中饮水，也领马前去饮水。发现有泉水从石缝中涌出，乳白微咸，用以烹茗，茶汤发紫；用以煎熬，可以制盐。鹿井从此惠民。

霄峰炼丹

吴猛与真君一道斩杀蛟孽，功劳与真君比较不相上下。常在深山炼丹，在夜中看去，只见金光一片，曾掘地得古巨钟，重量不可称。真君作石架，将钟悬空，扣之则声闻百里。后人建吴仙观祭祀他们。此地在西山万寿宫以北的霄遥山顶峰上。

钟离古宅

钟离是跟随真君斩杀蛟孽的弟子。完成除蛟任务后，钟离在西山万寿宫东南面三十里的象牙潭边建宅修道。真君也曾来此与钟离一道炼丹、施药、铸剑。后人在此建丹陵观祭祀他们。

甘战古宅

在江西丰城贤家坊，有一山，名叫关家山，昔日甘战真人在此建宅炼丹。据传，甘战随真君拔宅飞升时，从天上抛下竹篁一根，不久，竹篁生长茂盛，每遇风雨，竹篁发出管箫之声。后人在此建飞篁观，以示纪念。宋代开始改为清都观，至清代光绪年间清都观还存在着。

刘懿飞升

西晋时期，在靖安县承恩坊，有一位得道女性，名叫刘懿，年过百岁，容貌还像八九岁的儿童一样鲜润。谌姆常称赞她，许真君前往拜谒，在到达的当日，亲眼见她白日飞升，宝木华车从天而降。后人在其原址上建观祭祀她，初名华车观，也叫刘仙观。宋代治平年间改名栖霞观，一直沿用到清朝末年。

禅悟院井

民间相传，当年真君在缑岭之东、鹅峰之西，发现一口井，水丰而甘。于是留下谶语："老龙寄在蟾坞内，留与江南救旱灾。"真君拔宅飞升后，和尚在此建禅悟院，井为寺僧秘藏起来，不予人见。某年大旱，村民相率寻找，根据真君谶语提示，终于在寺院石础下发现水井，解决了燃眉之急。

看病舍药

在距西山镇东北十里左右的地方，是一个人口密集的街市。老百姓常因为贫穷，看不起病，耽误了治病最佳时间。真君常在此免费给人看病，将自己采集的草药，免费给病人。后人怀念真君的恩德，在此建观祀之，初名施药观，后毁。其遗址在东观山偏北，附近有马桥。

天使宣诏

晋宁康二年，许真君已经一百三十多岁的高龄了。八月一日早晨，二天使乘云仗，来到真君宅邸前，宣告玉皇大帝之命："许逊积修至道，为民救灾祓难，除害荡妖，功济生灵，众仙推仰，可入仙籍。八月十五，携家冲举。"

真君遗书

得知飞升日后，真君将自己所著《灵剑子》一书、劝诫诗十首遗世，还将自己治病救人的药方——如意丹方，传授给弟子。如意丹方保留在《净明宗教录》一书中。

拔宅飞升

东晋宁康二年（374年）八月十五正午，音乐之声由远而近，祥云自天而降。二天使又至，宣诏毕，扶真君入龙车。跟随真君飞升的有许氏家人和六弟子共四十二口。只见仙仗缓缓上升，由近而远，直至望不见。唯祥云彩霞，弥漫山谷。

云坠鸡笼

民间传说，八月十五日，真君家族拔宅飞升。不知何故，从云端坠下不少东西，其中有鸡笼、车毂、药臼和瓦片等。鸡笼掉在万寿宫东南面十里左右的地方，后乡民在此兴建“鸡栖靖”，清光绪年间改名为“崇元观”。

翻车生米

真君仆人许大，在西岭街买米，听说真君全家即将飞升，立刻赶回。匆忙中车翻，米撒于地，许大顾不及将米捡干净，就赶回许宅。不久，米在地上生长。生米镇由此得名，翻车岗地名尚存。

许简立祠

真君飞升后，真君族孙许简，与乡民一道，在真君故宅建立祭祀真君祠堂，将拔宅飞升跌落之物，一一收藏于祠堂中；将真君所遗一百二十首诗，一一写于竹简之上，放入竹简之中，供前来祭扫之人探取，以决凶吉。

游帷名观

早年，真君自旌阳返回豫章带来蜀锦一块，建谌姆祠时作为殿帷，在真君飞升之日，该殿帷围绕真君故宅飞游竟日。南北朝重修许仙祠时，将祠改名为“游帷祠”。

胡师立传

游帷观毁于隋炀帝时兵燹。至唐永淳中，天师胡慧超自庐山来到西山。他使尽平生之力修复了游帷观，并积极宣传许逊道派，撰写了《洪州西山十二真君内传》，使许真君开始为历代朝代重视。

徽宗赐宫

宋真宗据《度人经》中“太释玉隆腾胜天”之句，改观名为“玉隆观”。宋徽宗于政和二年（公元 1112 年）为许逊上尊号为“神功妙济真君”，又于政和六年（公元 1116 年）改玉隆观为玉隆宫，并加赐“万寿”二字，从此玉隆万寿宫就是专指西山真君故宅。

真君成神

曾巩任洪州知州，重修了旌阳祠，请王安石撰写了一篇文章，王安石认为：许逊为官清廉，体恤民情；斩蛇诛蛟，为民除害，民众感谢他，他享受民众祭祀是应该的。这种好官成神的例子是值得官员学习的。他感叹说："巩儒生也，殆非好尚老氏之教者，亦曰能御大灾，能捍大患则祀之，礼经然也。"

建宫镇灾

凡有水灾泛滥的地方，几乎都建有“万寿宫”。古人认为，水灾是孽龙作怪所为，因此，祈求真君显灵，出来斩杀孽龙，降住洪魔，保一方平安。

建宫定规

凡有江西移民的地方，几乎都建有为万寿宫。移民认为，团结互助，共渡难关，遵守公德，是真君提倡的；奸邪贪鄙，危害他人的行为，是真君反对的，因此，祈求真君显灵，保佑江西游子太平安康。

建宫定制

凡有江西商人的地方，几乎都将商会建在万寿宫内。古代江西商人认为，经商前提得按商业规则办事，规则是建立在公平基础上的，公平又是建立在忠孝之上的。因此，在真君面前，人人都得讲规则。